El
Kama Sutra

La Esencia Erótica de la India

Editado por Bret Norton

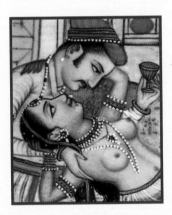

Grupo Editorial Tomo, S. A. de C. V.
Nicolás San Juan 1043
03100 México, D. F.

1a. edición, febrero 2002.

© Astrolog Publishing House
Editor. Bret Norton
The Kama Sutra

© 2002, Grupo Editorial Tomo, S. A. de C. V.
Nicolás San Juan 1043, Col. Del Valle
03100 México, D. F.
Tels. 5575-6615, 5575-8701 y 5575-0186
Fax. 5575-6695
http://www.grupotomo.com.mx
ISBN: 970-666-470-X
Miembro de la Cámara Nacional
de la Industria Editorial No. 2961

Traducción: Lorena Hidalgo Zebadúa
Diseño de portada: Luis Rutiaga
Composición tipográfica: Rafael Rutiaga
Supervisor de producción: Leonardo Figueroa

Impreso en México - *Printed in Mexico*

Contenido

Introducción

El visitante de los templos antiguos construidos por toda la India, tallados en las montañas o hechos de piedra, queda maravillado por las esculturas que adornan los templos. Dichas esculturas representan un retablo sobre hombres y mujeres abrazados y enredados en cientos de posiciones que ayudan al cuerpo a alcanzar un nivel máximo de placer.

En la India, durante un periodo de aproximadamente mil años que abarca desde el siglo V a.C. al V d.C., se construyeron espléndidos templos y se escribieron docenas de obras literarias eróticas. Para los hindúes, en especial para los pertenecientes a clases sociales superiores y los adinerados que llevaban vidas de lujo, alcanzar los mayores niveles de placer físico era una meta personal y social.

Existen cuatro áreas en la vida de una persona: religión y moral; material; espiritual; y placer físico. Nadie puede tener una vida completa sin la combinación de las cuatro. En cuanto al área del placer físico, el amor, el deseo, la compatibilidad sexual, la estimulación y la descarga sexual elevan el *kama* y permiten que la persona logre una vida más plena.

De la misma forma en que un individuo es enseñado a estudiar y desarrollar el campo de la religión y la moralidad para dar apoyo a su hogar y a sí mismo y aumentar sus bienes, para enriquecer y purificar su espíritu, también debe estar familiarizado con las características de su cuerpo y desarrollarlas, así como con los actos que aumenten su deseo y goce.

Los placeres de la carne son una parte natural y esencial de la vida humana. Los hindúes creían que dichos placeres se logran a través de los cinco sentidos que influyen sobre el cuerpo de manera directa o al estimular la imaginación. El acto sexual debe involucrar los sentidos de la vista, el oído, el tacto, el olfato y el gusto. Por ello, las obras maestras eróticas representan temas como la danza y la música, humor corporal, cuerpos masculinos y femeninos y otros temas que no necesariamente se relacionan con el acto sexual en sí.

No obstante, el mayor placer que puede experimentar el cuerpo humano es el producido por el contacto, unión y fricción de los genitales —el *Lingam* masculino y la *Yoni* femenina. Mientras más cercano, prolongado y poderoso es el contacto, mayor es el placer físico. De ahí la gran importancia de las posiciones descritas en las obras de arte eróticas de la India —posiciones cuyo propósito es provocar el contacto entre el Lingam y la Yoni para producir el mayor placer tomando en cuenta las características físicas y psicológicas de los individuos.

Durante un periodo de mil años aproximadamente, en la India se escribieron grandes cantidades de obras maestras eróticas. Algunas presentaban una guía sexual para el lector mientras que otras se enfocaban en cierto aspecto del sexo. Muchos libros trataban sobre la clasificación y aparejamiento de hombres y mujeres, otros se concentraban en temas generales relacionados con el placer de la carne. Hay libros para las vírgenes listas para ser iniciadas, para cortesanas o para ancianas; libros dirigidos a hombres apuestos con Lingams grandes así como para hombres discapacitados o deformes; libros acerca de posiciones y variaciones sexuales junto con otros dedicados sólo al arte de besar, acariciar y rasguñar.

Estas obras eróticas eran extensas y a veces eran decoradas con pinturas y dibujos exquisitos (algunos de los cuales están magníficamente presentados en este libro). Sólo los reyes, los nobles y la gente adinerada podía pagar el precio por poseer una colección de estas magníficas obras de arte.

En la actualidad, una de dichas obras es muy conocida y representativa del erotismo hindú: el *Kama Sutra*. El *Kama Sutra* es "una guía al arte del deseo, su intensificación y satisfacción" o lo que se conoce hoy en día como "una guía al sexo perfecto".

Nadie sabe cuándo apareció el *Kama Sutra* en su versión final. Al parecer, entre el siglo III y el V d.C., el erudito hindú Vatsyayana decidió condensar en un libro el contenido de la gran cantidad de obras producidas de su era. Este libro fue llamado el *Kama Sutra*.

En el *Kama Sutra*, el autor presenta información detallada —derivada de otras fuentes y de experiencia personal— que abarca los temas concernientes a hombres y mujeres así como las formas de contacto entre ambos sexos. Cortejo, atavíos, matrimonio, dimensiones, costumbres, besos, unión sexual, estimulación del coito, formas poco comunes de coito, relaciones sexuales entre miembros del mismo sexo, posiciones sexuales... ningún aspecto relacionado con el sexo se omite en el *Kama Sutra*. Incluso en la actualidad, cientos de años después, en el mundo occidental —presumiblemente tan permisivo— no existe una obra erótica tan extensa y profunda como el *Kama Sutra*.

Aunque el antecedente histórico del *Kama Sutra* es la sociedad hindú del siglo V, la cual llevó una existencia hedonista y cómoda, saturada de erotismo, cualquier persona del mundo occidental contemporáneo puede beneficiarse por los consejos e instrucciones contenidos en el libro.

Este libro presenta extractos que constituyen la esencia de las diferentes secciones del **Kama Sutra**. Se basa en la traducción precisa y científica del libro a partir del sánscrito, sin alterar las descripciones o conceptos del original. Las ilustraciones a color que acompañan al texto provienen de las ediciones hindúes originales del **Kama Sutra**.

Los últimos años han sido testigos de un renacimiento del **Kama Sutra** en Occidente. La información concerniente a la sexualidad humana reunida en la India en un periodo de cientos de años es más extensa y profunda que cualquier otro manual sexual producido en Occidente.

Deseamos que el lector occidental de esta magnífica edición del **Kama Sutra** obtenga gran placer a partir de la obra de arte erótica más famosa del mundo.

Conversaciones

¿Cuál es la escena más hermosa que el ojo puede observar?

El rostro de una mujer enamorada.

¿Cuál es el perfume cuya fragancia es más placentera que cualquier otra?

El perfume de su aliento.

¿Cuál es el sonido más encantador que el oído puede escuchar?

La voz de la mujer amada.

¿Cuál es el sabor más dulce de todos?

El sabor del néctar de sus labios.

¿Cuál es el tacto más suave de todos?

El tacto de su cuerpo.

¿Qué es lo más placentero que el hombre puede imaginar?

La contemplación de la belleza de su amada.

Pues cuando una joven está enamorada, todo en ella halaga a la vista y enciende el corazón.

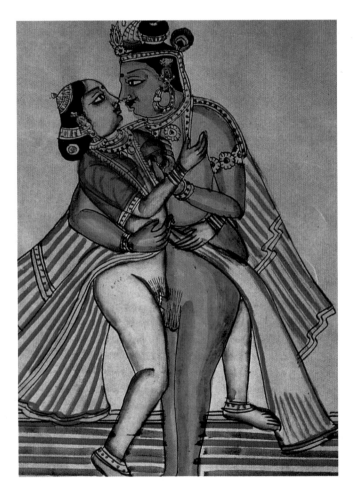

La joven virgen es
como un botón de rosa
a punto de florecer. El botón
crece inmaculado y puro a la
sombra de las hojas, protegido
de todo mal. Pero cuando el
botón se abre para que todos
lo observen, la flor queda
expuesta a todo el que pasa
y después de que un centenar
de transeúntes la han
observado, uno buscará la
pureza del botón en la
floreciente rosa — en vano.

Mujeres hermosas,
con ojos brillantes como
luceros, son un placer a los ojos de un
hombre:

Cuando están lejos esperamos
ansiosos su regreso.

Cuando están cerca, nos
abalanzamos a sus brazos.

Y una vez que estamos entre sus
brazos somos incapaces de apartarnos.

Los cuatro tipos de mujer, con cualidades únicas

as mujeres se dividen en cuatro tipos de acuerdo a sus características físicas y morales. El tipo perfecto es *Padmini* o mujer de Loto, la cual reúne todas las cualidades buenas en una larga lista:

Es tan hermosa como el botón del loto, es la encarnación de *Rati* (placer, deseo).

Su breve cintura enfatiza sus muslos bien formados, su andar es orgulloso y digno como el del cisne.

Su cuerpo está bien formado y suave, ella huele como el árbol del sándalo; se mueve como un ciprés y lleva su cabeza como la parte superior de un pino.

Su lisa y delicada piel es tan suave al tacto como la trompa de un elefante recién nacido; es de color dorado cada vez que la luz resplandece sobre ella.

Su voz se asemeja al llamado del ave Kokila macho a su pareja; sus palabras son como néctar de los dioses al oído. Su transpiración tiene el aroma del almizcle, todos los perfumes combinan con su fragancia; las abejas vuelan alrededor de ella como si fuera una flor rebosante de polen.

Su sedoso cabello es largo y ondulante, negro como el pelaje de una pantera, un halo que enmarca su rostro –como la luna llena en la oscuridad del cielo –y los mechones caen como cascadas sobre sus redondeados hombros.

Su frente es lisa; sus cejas forman una media luna perfecta y cuando está en trance por la pasión, éstas se asemejan al arco del dios Kama.

Sus ojos de forma perfecta brillan como un suave lucero, tienen un dejo de color rosa en los extremos. Sus pupilas son negras como la noche y están llenas de chispas como las estrellas del cielo. Sus largas pestañas sedosas son una ventana a su suave mirada.

Su nariz es como el capullo de sésamo, comienza recta y después se curva como el pico de un perico.

Sus carnosos labios rosados son como un capullo a punto de florecer, o tan rojos como el coral o la fresa.

Sus dientes son tan blancos como el jazmín del desierto de Arabia y parecen marfil. Cuando sonríe parecen perlas blancas sobre una cama de coral.

Su fino cuello es como una torre de marfil colocada en los arcos de sus adorables hombros. Sus brazos son tan largos como las ramas de un árbol de mango, sus manos tan delicadas como las ramas de un árbol de bambú.

Sus senos son redondos y firmes como el fruto de un peral —como dos copas de oro invertidas adornadas con capullos de rosa.

Su bien formada espalda es tan flexible como una serpiente y se funde en armonía perfecta con el par de globos de sus amplias caderas y firmes muslos, como la turgencia que orgullosa lleva la paloma en su pecho.

Su ombligo es profundo y es del color de una frambuesa madura colocada en el centro de su redondo ombligo. En la piel que está arriba de su cintura hay tres delicados pliegues, como una faja que rodea su cuerpo.

Sus nalgas son maravillosas. Ella es como Nitambini, la ninfa de las aguas.

Como el loto que florece a la sombra de los juncos, su pequeña Yoni, escondida en la entrepierna y generosamente adornada con delicado vello púbico, se abre misteriosamente.

La fragancia de su entrepierna es como la del botón de una lila. Sus torneadas y suaves piernas son como el tronco del banano. Sus pequeños pies están unidos a sus piernas como las flores del loto a sus tallos.

Cuando se sumerge en un arrollo oculto, la escena engendra amor. Los dioses mismos tiemblan de deseo cuando ven a la Padmini en el agua.

Hay perlas resplandecientes en sus orejas y un pendiente de piedras preciosas en su pecho. Las joyas aumentan su belleza —no muy numerosas— en sus brazos y tobillos.

Le gustan los vestidos blancos, las flores blancas, las joyas magníficas y los vestidos lujosos. Porta un vestido blanco confeccionado de fina muselina blanca.

Come ligeramente y duerme poco, gusta de platillos ligeros y dulces.

Es diestra en las treinta y dos maneras de tocar el radha. Igual que quienes gustan del Krishna, su cantar es armonioso, acompañado de los sonidos del veena, al cual puntea con sus delgados dedos.

Cuando baila, su cuerpo y sus brazos se mueven en perfecta armonía, aunque, debido a su gran modestia hace lo que puede para ocultar los encantos de su cuerpo.

Su conversación es agradable y su sonrisa es cálida; es dócil y sensible, disfruta de las diversiones y del placer.

Sus talentos le permiten realizar cualquier tarea que se le encomiende.

Evita la compañía de gente deshonesta, las mentiras le son detestables.

Adora y rinde culto a Brahma, su padre y sus dioses, nunca se cansa de escuchar la conversación de los brahmanes.

Es generosa con los pobres y da a los oprimidos de las posesiones de su marido.

Disfruta hacer el amor con su esposo y sabe cómo usar sus caricias para aumentar el deseo de éste.

El dios del amor se pierde dentro de placeres infinitos a su lado.

Es fiel a su marido y no comparte su amor con ningún otro hombre. Su vida, sus pensamientos y sus emociones están dedicadas a su esposo.

Todas sus cualidades son perfectas.

Padmini ha sido bautizada de maneras diferentes por los poetas y cada nombre sirve para enfatizar sus innumerables cualidades.

Tesoro del amor, La más pura de las mujeres, La mujer en quien el amor vencerá al deseo, La mujer del amor, La mujer a cuyo amor nada puede compararse.

Después de la Padmini está la *Chitrini*, o la mujer ingeniosa.

La Chitrini posee una mente ágil y su temperamento es sin complicaciones. Su cuello es firme, su cabello forma hebras que caen como serpientes negras sobre sus anchos hombros, su voz parece el sonido proveniente de un panal, sus muslos son angostos pero tienen las curvas de un banano. Es tan fiel como un elefante

dócil, disfruta del placer y es capaz de excitar, variar y recibir excitación. Su andar es rítmico como el de una yegua, sus grandes senos semejan una fruta madura en una rama delgada, en su entrepierna crece vello escaso y dentro de ella, una suave Yoni se abre a quien ella ama.

Cuando hace el amor, su néctar fluye como un manantial; es muy versada en cuanto a los placeres del amor y la unión sexual.

Después de la Chitrini está la *Hastini*, o la mujer Elefante.

La Hastini tiene cabello grueso que forma rizos, su penetrante mirada avergüenza al dios del amor y sonroja a las jovencitas. Su largo y sólido cuerpo está adornado por muchas joyas, su vestimenta es engalanada con flores. Sus grandes y firmes senos son como dos copas doradas. Come en grandes cantidades, como el elefante. Su transpiración es fuerte, su Yoni es tan amplia que sólo los rizos de cabello cubren el monte sobre ella. Su manera de hacer el amor es energética y ruidosa.

Después de la Hastini está la *Shankhini* o mujer Cerdo.

Su cabello es crespo y lo lleva atado hacia atrás, su rostro es marchito y su lujuria hacia los hombres está grabada en él. Su cuerpo se parece al del cerdo. La Shankhini siempre está enojada, malhumorada y quejándose. Sus senos y su ombligo huelen a pescado. No es aseada, come todo y cualquier cosa, tiene el hábito de dormir demasiado.

Sus ojos son repulsivos y su mirada carece de brillo. Su entrepierna es gruesa y velluda, su Yoni es amplia y áspera. Cuando hace el amor, su néctar huele a pescado y es energética al punto de poner en peligro a su amante.

Existen cuatro tipos de hombre, como amantes o esposos, paralelos a los cuatro tipos de mujeres:

El hombre Hare, activo y lleno de vitalidad, es adecuado para la mujer Padmini.

El hombre Venado, quien busca la perfección en el acto sexual, es adecuado para la mujer Chitrini.

El hombre Toro, quien tiene la fuerza y temperamento de un toro, es adecuado para la mujer Hastini.

El hombre Caballo, cuya lujuria es como un corcel en celo, es adecuado para la mujer Shankhini.

Como dicen los poetas:

*S*i estás buscando, esperando encontrar
a la Padmini,
Sólo entre diez mil de miles de mujeres
la encontrarás.
Si estás buscando, esperando encontrar
a la Chitrini,
Sólo entre diez mil mujeres la
encontrarás.

Si quieres a la mujer
Hastini,
La encontrarás
entre mil.
Y si deseas a la
Shankhini,
Encontrarás a
una como ella en
cada esquina.

Preferencias sexuales de las distintas mujeres de la India

Un hombre, especialmente el que emprenderá un viaje, debe aprender a reconocer el amor de las mujeres de manera que sepa cómo comportarse sin ofender las costumbres del lugar o sin exponerse al desprecio y escarnio durante la unión sexual.

Las mujeres de la India central, entre el río Ganges y el Jumna, son de comportamiento restringido y nunca permiten que un hombre deje marcas de dientes o uñas en ellas.

Las mujeres de Avantika gustan del coito simple y se interesan en el acto mismo, más que en sus variaciones.

Las Mujeres de Maharashtra disfrutan de las sesenta y cuatro variedades del *Kama Sutra*, dicen obscenidades durante la unión sexual y su sensualidad es extraordinaria.

Las mujeres de Pataliputra disfrutan del acto sexual y son versadas en él, como las mujeres mencionadas anteriormente, sólo que no emplean palabras obscenas y su comportamiento en público es modesto y virtuoso.

Las mujeres de Dravida, no importa cuánto las besen o acaricien, se excitan con lentitud y se tardan en llegar al orgasmo.

Las mujeres de Vanavasi son indiferentes a las caricias, desprecian el contacto físico y responden con enfado cuando son objeto de proposiciones indecentes.

Las mujeres de Avanti están ansiosas por la unión sexual de cualquier tipo.

Las mujeres de Malwa gustan mucho de ser besadas y golpeadas, pero no les agradan las mordidas ni los rasguños.

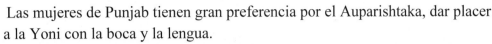

Las mujeres de Punjab tienen gran preferencia por el Auparishtaka, dar placer a la Yoni con la boca y la lengua.

Las mujeres de Aparaitika y Lat están impacientes por la unión sexual y durante todo el acto murmuran suavemente "Siéntate, siéntate".

Las mujeres de Avda tienen deseos incontrolables y el jugo de su amor fluye sin parar al punto que necesitan tomar medicamentos para detenerlo.

Las mujeres de Avdahara tienen cuerpos flexibles y están dispuestas a probar cualquier posición.

Las mujeres de Ganda son delicadas en cuerpo y espíritu.

Seducción a una joven con la intención de contraer matrimonio

Primero, el pretendiente debe ganarse la confianza de la hermana mayor de la joven o de la pariente mayor más cercana.

Incumbe al él demostrar a dicha mujer que es versado en las sesenta y cuatro artes de amor del *Kama Sutra* que el hombre debe dominar, en teoría y en práctica.

Siempre debe vestir buenas ropas y dejar una buena impresión en quienes le ven; las jovencitas se enamoran fácilmente de los pretendientes atractivos y bien vestidos.

La joven descubre sus pensamientos de amor por medio de señales especiales: nunca ve directamente al rostro del hombre y se siente avergonzada y apenada si él la mira; por accidente expone sus brazos de modo que él los vea; lo mira durante mucho tiempo cuando él se va, baja la mirada cuando voltea a verla y contesta vacilante y con oraciones cortas a las preguntas que le hace; se siente feliz al estar entre la gente con quien él convive mucho, habla a sus amigos en un tono de voz especial que él escuche aunque se encuentre lejos de ella. Hace todo lo que puede para permanecer con él lo más que pueda, su despedida es prolongada.

Besa y acaricia a un niño sentado en sus piernas para dar a entender sus sentimientos hacia el hombre, es amigable con las amistades y conocidos de él. Debe mostrarse amable con los sirvientes del hombre y debe aprovechar cualquier oportunidad que se presente para visitar su casa. Debe asegurarse que una de sus amigas enseñe a él sus aretes, collares y sus demás joyas; siempre que pueda, debe portar las joyas que el hombre le ha regalado. Cada vez que alguien diga algo negativo en cuanto al hombre o mencione a un antiguo pretendiente de ella, debe hacer un gesto que evidencie su molestia.

Un hombre que se enamora de una mujer y gracias a sus insinuaciones nota que los sentimientos son correspondidos, debe unir su cuerpo al de ella. Una jovencita es atrapada por los juegos y diversiones; una mujer joven, por las habilidades del hombre en las artes del *Kama Sutra*; y una mujer madura, por el intermediario confiado que hace el enlace entre los dos.

Cuando ya conquistó el corazón de la joven, el pretendiente debe continuar con el arte de la seducción:

Cuando están juntos, él la toma de la mano, como hacen los amantes, le muestra los botones y capullos de las flores, le cuenta sus sueños —en especial los referentes a

encuentros con mujeres hermosas— y siempre que están en compañía de alguien más, él debe tocarle el hombro, rozar su pierna contra la de ella y presionarle los dedos de los pies con los suyos.

Si no pone objeción, debe sostener el pie de ella entre sus manos, presionarlo y acariciar sus dedos. Cuando él refresca su boca con agua de hojas aromáticas, rocía el agua desde su boca hasta la cabeza de ella, como una fuente.

Cuando llegan a un lugar solitario, él debe acariciarla cariñosamente, mostrarle su pasión —pero sin lastimarla o molestarla.

Cuando tiene la oportunidad de sentarse junto a ella en la cama o en el dosel, debe pedirle que vaya con él a algún sitio aislado y ahí demostrarle su amor con acciones, no con palabras. Él la toma de las manos y las coloca sobre su frente.

Cuando ella va a casa de él, él debe retenerla ahí lo más que pueda. Cuando se va, debe implorarle que regrese pronto a visitarlo.

El hombre jamás debe olvidar las palabras de los sabios: "Un hombre, por más enamorado que esté de una mujer, no deberá ganársela sin susurrarle palabras de amor al oído".

Por último, cuando la joven ha sucumbido a sus encantos, él puede disfrutar de su belleza.

Si el hombre es incapaz de realizar estos pasos por sí mismo debe solicitar la ayuda de la mujer mayor cuya confianza ha ganado, la cual convencerá a la joven de que vaya a su casa y esté con él.

"Si el momento y el lugar son adecuados, ninguna mujer se opondrá a los deseos del hombre que ama".

Tipos de acto sexual

xisten siete tipos de acto sexual:

Coito espontáneo: una pareja de amantes que se ama y hace el amor como resultado de la mutua atracción.

El juego del amor, cuando la mujer proviene de una familia de buena posición económica, es encantador. Primero, ella grita "¡No, no!" y permanece indiferente a las caricias de su amante. Entonces su deseo crece pero continúa mostrando modestia en su comportamiento; su oposición se debilita y su agresividad desaparece; finalmente, la pasión la inunda y cuando se deshace de sus inhibiciones recibe la bendición del deseo que arde en su cuerpo.

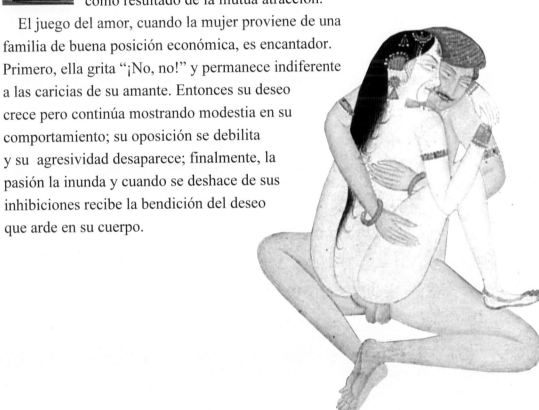

Coito seguido de deseo prolongado: el hombre y la mujer se han amado durante mucho tiempo pero les ha sido imposible encontrarse; o uno de los dos regresa de viaje; o la pareja que se reconcilia después de una pelea.

En este caso, ambos arden en deseo y ansían hacer el amor y alcanzar satisfacción mutua.

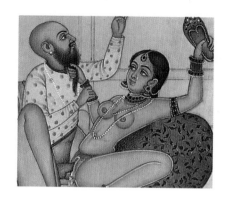

Coito en el matrimonio: se da dentro de un matrimonio cuyo amor sigue latente, como una semilla plantada en la tierra antes de la temporada de lluvia.

Coito de amor forzado: el hombre realiza el acto de amor después de excitarse por medio de su conocimiento del *Kama Sutra* —besos, caricias y abrazos; o el coito cuando los dos aman a alguien más.

En estos casos deben usar los secretos del *Kama Sutra* para aumentar y prolongar su deseo.

Coito del otro amor: durante la unión sexual, uno de los dos imagina que está en brazos del objeto real de su amor.

Coito por alivio: la mujer está al servicio del hombre y su nivel es menor que el de él, de manera que el objetivo del acto sexual es sólo para el alivio del hombre. En este caso, la unión es directa y rápida, sin estimulación previa o agradecimiento posterior.

Coito por lujuria: sucede entre un noble y una campesina, o un hombre educado y la hija de un campesino. El acto es breve y rudo, a menos que la mujer sea hermosa.

Pociones que aumentan la virilidad durante el acto sexual

 ezcla una pizca de pimienta blanca con leche dulce y añade: un poco de raíz de auchala o semillas de Sanseviera o roxburghina; esencia de planta de badisram; jugo de kyuti y shirica; una mezcla de tallos de espárragos, miel y planta del muérdago común; la fruta de Premna spinosa; leche dulce en la cual se hayan hervido los genitales de un macho cabrío; una mezcla de miel, azúcar y manteca de leche de búfalo en proporciones iguales. Todas las pociones anteriores incrementan ilimitadamente la virilidad del hombre.

Las patas de gorrión trituradas junto con leche dulce permiten al hombre satisfacer a varias mujeres.

Mezclas de pimienta blanca y miel; carne de un ave de rapiña y miel; o polvo de creta; hueso de mango triturado y la corteza del árbol sioss —si se untan en el Lingan, lo harán como el tronco de un árbol cuyo extremo nunca se dobla hacia la tierra.

Las pociones no deben usarse para provocar amor o aumentar la virilidad para la unión sexual en alguna manera que resulte dañina para la salud, o si la poción requiere la muerte de un animal o alguna acción desagradable.

Las pociones benéficas para el hombre son aquellas que no dañan su salud ni contradicen su religión o tradiciones.

Posiciones que aumentan el deseo

Cuando un hombre y una mujer realizan la unión sexual de pie, recargados el uno en el otro o contra un muro o columna, recibe el nombre de *posición de apoyo*.

Cuando el hombre se recarga contra la pared, sostiene a la mujer entre sus brazos y con las manos, mientras ella coloca los brazos alrededor del cuello de su pareja, levanta los muslos a la altura de la cintura de él y mueve su cuerpo al colocar los pies contra la pared que lo sostiene, se llama *posición suspendida*.

Se recomienda que los amantes imiten a los animales: el perro, el macho cabrío; la monta y la penetración ardiente del burro y el gato, el salto del tigre, la presión del oso y el galope del corcel sobre la yegua. Estas posiciones son buenas para el hombre porque trata a la mujer igual que el macho a la hembra.

Cuando el hombre realiza la unión con dos mujeres al mismo tiempo, se llama *posición unida*.

Se lleva a cabo cuando ambas mujeres están acostadas juntas en la cama o una está sobre la otra dándole la espalda o cara a cara. En cualquier caso, las Yonis deben estar a la orilla de la cama y los pies sobre el suelo. El Lingam va de Yoni en Yoni, primero lentamente y después aumenta la velocidad.

El coito con varias mujeres se llama *unión con un rebaño de vacas*, hay quien le llama *el elefante en el agua* porque el macho copula con varias hembras mientras se bañan en el lago. Otro nombre que se le da es *unión de cabras*.

Cuando varios jóvenes disfrutan del cuerpo de una mujer (quizá la esposa de uno de ellos) uno después de otro o al mismo tiempo, la mujer se coloca sobre el cuerpo de uno, otro estimula la Yoni con su Lingam, un tercero hace uso de su boca y un cuarto sostiene a la mujer por la parte media de su cuerpo. Disfrutan durante mucho tiempo del cuerpo de ella, cambiando de lugar entre ellos.

Algunas veces, varios hombres contratan a una cortesana para que satisfaga sus deseos.

Cuando varias mujeres disfrutan del cuerpo de un hombre —principalmente, mujeres del harén cuando el hombre entra a él por casualidad— las mujeres hacen uso de su Lingam y su cuerpo al mismo tiempo, o una tras otra.

La *unión baja* es el uso del ano en lugar de la Yoni.

"Un hombre sensual se abandona a todas las formas de unión, imita a los diferentes animales y aves ya que la variedad —adecuada a las preferencias individuales y a las costumbres del país— inspira pasión, amor y respeto por él en el corazón de una mujer".

Acerca de las posiciones necesarias para el acto sexual

En la unión alta, la mujer debe estar en una posición en la que su Yoni esté bien abierta. En la unión igual, ella se acuesta sobre su espalda, en la posición natural, y permite que el hombre la abrace. En la unión baja, ella se coloca de manera que su Yoni esté contraída: algunas veces debe tomar una poción para aumentar su deseo y excitarse.

Hay tres posiciones para una mujer Venado recostada:

La posición muy abierta: Su cabeza está más abajo que su abdomen y sus nalgas están elevadas. El hombre debe masajear la Yoni o el Lingam con un lubricante para facilitar la penetración.

La posición abierta: La mujer se eleva y abre sus piernas.

La posición de las esposas de Indra: Es una posición adecuada para la unión sexual sublime entre un caballo y un venado. La mujer dobla sus piernas de manera que las pantorrillas toquen la parte trasera de los muslos y las abre mucho. Esta posición requiere flexibilidad y mucha práctica.

Las siguientes posiciones son variantes para una unión sexual más simple:

El apresamiento: El hombre se recuesta sobre la mujer con las piernas estiradas contra las de ella. Es una buena posición cuando la mujer está sobre su espalda o cuando el hombre está acostado sobre el lado izquierdo y ella frente a él.

El enlazamiento: La mujer cruza una pierna sobre el muslo de su amante y presiona el cuerpo de éste contra el suyo.

El apretón de la yegua en celo: La mujer aprieta el Lingam con su Yoni usando un movimiento giratorio. Esta posición requiere de mucho estudio y práctica.

Existen otras posiciones que pueden añadirse a las básicas:

La posición elevada: La mujer se recuesta sobre la espalda y estira ambas piernas hacia arriba.

La posición abierta: La mujer eleva las piernas, las abre y las coloca sobre los hombros de él.

La posición de opresión: La mujer eleva las piernas y las cruza, el hombre las sostiene y con su cuerpo las presiona contra los senos; algunas veces, ella levanta una pierna y la coloca sobre el hombro de él y estira la otra y la pasa por un costado. El hombre presiona la pierna contra los senos, la mujer cambia la posición de las piernas y así sucesivamente. Esta posición se llama *bambú hendido*.

La colocación de un clavo: Una de las piernas de ella está estirada hacia arriba, descansando sobre la cabeza de él y la otra está estirada hacia un costado.

La posición del cangrejo: La mujer dobla las piernas y las coloca contra su estómago.

La posición del loto: Ella levanta las piernas, cruza los muslos y los coloca contra su estómago.

El loto abierto: La mujer cruza los tobillos y deja los muslos muy separados. Esta posición es parecida a la de las esposas de Indra y requiere mucha práctica.

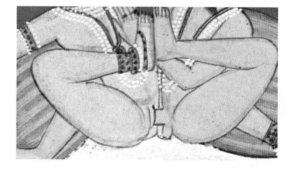

La posición giratoria: Durante el coito y sin retirar su Lingam de la Yoni ni interrumpir el ritmo del acto, el hombre cambia de ángulo con respecto a la mujer. Requiere mucha práctica y coordinación.

Algunas personas recomiendan realizar la unión sexual en todas las posiciones posibles en la regadera o en la alberca. No obstante, otras discrepan argumentando que el coito en el agua es un insulto a las tradiciones religiosas.

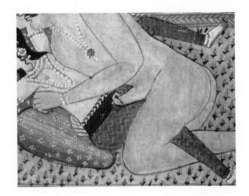

Cuando la mujer se apoya sobre los pies y las manos, como vaca, y su amante la monta como un toro, se llama la *unión de la vaca*. En dicha posición, las cosas que se realizan de frente se hacen con la mujer de espaldas al hombre. Él puede acariciar los senos con la mano derecha y estimular el clítoris con la izquierda mientras su Lingam se mueve dentro de la Yoni. Lo anterior aumenta la pasión de ella y acelera el orgasmo de manera que coincide el clímax de ambos.

Ésta es la posición más favorable para penetrar a una mujer pues el útero está a menor nivel que la vulva. También es una posición natural en la que el Lingam no está en contacto con el clítoris, en cuyo caso el hombre lo estimula manualmente.

Clasificación de hombres y mujeres con respecto al tamaño de sus genitales

El hombre se clasifica en tres categorías según el tamaño de su Lingam: liebre, toro, caballo. Las mujeres se dividen en tres tipos de acuerdo al tamaño de su Yoni: venado, yegua, elefante. Por lo tanto, existen tres uniones iguales para parejas cuyos genitales coinciden en tamaño y seis uniones desiguales cuando los genitales no son coincidentes.

El acto sexual entre el toro y la venado o entre el caballo y la yegua se considera unión superior.

El acto sexual entre el caballo y la venado, de la manera correcta, está considerado como unión sublime.

El acto sexual entre la liebre y la yegua o entre el toro y el elefante se considera una unión baja.

Mientras más se disfruta del acto sexual, más éxito tiene.

El hombre y la mujer también se clasifican de acuerdo a la intensidad de su clímax sexual: débil, medio y alto. Los principios de unión anteriores se adaptan a este caso.

Otra clasificación es de acuerdo al tiempo que lleva a cada uno llegar al clímax. Los principios anteriores se adaptan a este caso.

Si usáramos los tres grupos de clasificaciones para unir parejas, el resultado sería un gran número de posibilidades.

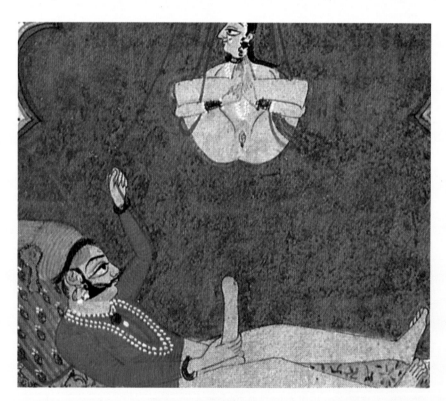

El papel del hombre —en especial del esposo— es emplear los medios que pueda para asegurar que el acto sexual sea muy grato.

Durante el primer coito entre un hombre y una mujer, el hombre alcanza el orgasmo muy rápido mientras que el último le lleva más tiempo. Sucede lo contrario con la mujer —al principio es lento y más tarde llega al orgasmo con mayor rapidez.

Casos en los que se prohibe el amor

Mucha gente asegura que una mujer que ha tenido cinco amantes puede ser disfrutada, a excepción de las esposas de los brahmanes y las reinas.

La unión sexual no debe llevarse a cabo con las siguientes mujeres: leprosas, locas, vagabundas, chismosas, mujeres que exigen satisfacción sexual en público, albinas o mujeres de piel oscura que huelen a muerto.

Amigas, miembros de la familia y las que sean prohibidas por cuestiones religiosas.

Aquellas con las cuales el hombre jugaba en la arena durante su infancia, o para con las cuales un hombre tiene una obligación o deuda.

Mujeres cuyos gustos y carácter son idénticos a los del hombre.

Las que fueron compañeras de colegio del hombre.

Las hijas de los cuidadores o sirvientes, las que crecieron con el hombre o hijas de las familias a las que el hombre está vinculado por el matrimonio.

Las amigas del hombre deben ser honestas, firmes, fieles, discretas y sin malos hábitos.

Intermediarios para encuentros sexuales

Es permisible que el hombre conozca a gente de posición social baja que le sea de utilidad para obtener el deseo de su corazón y su cuerpo: lavaplatos, peluqueros, pastores, vendedores de flores, farmacéuticos, posaderos, vendedores de nueces, profesores y bufones.

También puede hacerse amigo de las esposas de estos hombres.

Los intermediarios requeridos para los encuentros sexuales deben tener las siguientes cualidades: experiencia, persistencia, acceso a lugares, osadía, agudeza de visión y buena memoria para reportar lo que se dice, hace o insinúa.

Buenos modales, capacidad de elegir el momento y lugar adecuados, tomar decisiones rápidamente, capacidad de enfrentarse a lo inesperado —estas cualidades son muy útiles en los intermediarios.

Existen diferentes clases de intermediarios
o mensajeros para encuentros sexuales:

El intermediario que hace todo: En el momento en
que nota un lazo de amor entre las dos personas hace
lo posible por unirlas.

La intermediaria que actúa en beneficio propio:
Es una intermediaria en busca de un hombre para ella,
o mientras arregla un encuentro sexual para otra mujer
actúa en beneficio propio.

La intermediaria que actúa en beneficio de su esposo: Es una mujer casada que ayuda en el encuentro sexual de su esposo.

El intermediario que entrega cartas: Es el mensajero que entrega cartas y vuelve con una respuesta oral.

El que entrega flores: Es aquel que entrega cartas escondidas cn ramos de flores.

El intermediario fantasma: Entrega un mensaje con un doble propósito y lo anuncia en público. El verdadero significado del mensaje sólo es entendido por la persona a quien va dirigido.

Los adivinadores, mendigos, sirvientes o damas de compañía son intermediarios que rápidamente se ganan la confianza de la mujer.

El intermediario sabe guardar un secreto y es experto para describir los encantos de la mujer.

La intermediaria no se sonroja ni se avergüenza cuando describe a detalle el amor del hombre, su riqueza y su experiencia en las relaciones sexuales, además platica a la mujer sobre las muchas mujeres hermosas que desean al hombre.

También es capaz de provocar una reconciliación entre los amantes después de una pelea.

El papel del hombre durante el acto sexual

El hombre debe hacer todo lo que puede para dar placer a la mujer. Si la mujer está recostada sobre la cama de él escuchándolo, él debe desamarrar el cinturón de su vestido y si ella objeta, debe ahogar sus objeciones con besos.

La mejor manera de acercarse con éxito a la unión sexual es chupando suavemente sus pezones. Cuando el Lingam está erecto, el hombre debe tocar y acariciar todo el cuerpo de la mujer.

Si la mujer es tímida y es su primer encuentro, él debe colocar una mano entre los muslos de ella y dejar que los junte contra su mano.

Si el hombre está con una mujer joven, él debe colocar las manos sobre los senos, cubrir sus manos con las de él y después tocar sus axilas y cuello.

Si el hombre está con una mujer madura debe hacer todo lo que brindará satisfacción a la pasión de ambos —siempre y cuando sus acciones sean adecuadas a las circunstancias en particular.

El hombre debe sostener entre sus dedos el cabello y la barba de ella, y besarla.

Si la mujer es muy joven, se sonroja y cierra los ojos.

De acuerdo a la manera en que reacciona a sus caricias, el hombre puede discernir las preferencias de la mujer en cuanto a juegos de amor.

"Sin importar lo que el hombre esté haciendo para su propio placer debe asegurarse de presionar contra su cuerpo la parte del cuerpo femenino que ella está mirando".

Cuando la mujer está satisfecha y llega al clímax, lo demuestra de diferentes formas:

Su cuerpo está relajado, los ojos cerrados, se ha despojado de sus inhibiciones y constantemente trata de juntar al Yoni y el Lingam lo más cerca que pueda.

Cuando una mujer no experimenta placer golpea la cama con el puño y evita que el hombre se mueva, está tensa, muerde y patalea, hace movimientos sexuales incluso después de que el hombre ha terminado.

En casos como el anterior, él debe frotar la Yoni con la mano y dedos (como hace el elefante con la trompa) antes de la penetración hasta que la Yoni esté mojada; sólo entonces el Lingam debe penetrar a la Yoni.

Si cuando el hombre termina, la mujer no ha llegado al orgasmo, él debe frotar la Yoni con su mano hasta que alcance el clímax.

Hay nueve cosas que el hombre debe hacer durante la unión sexual:

Penetración o movimiento de los órganos hacia delante: El Lingam penetra directamente a la Yoni.

Rotación: El hombre sostiene el Lingam con la mano y rodea la abertura de la Yoni.

Martilleo: El Lingam golpea la parte superior de la Yoni, como un martillo golpeando un clavo.

Perforación: El Lingam golpea y presiona la parte inferior de la Yoni.

Presión: El Lingam está en el interior de la Yoni presionándola durante mucho tiempo sin moverse.

Embestida: El Lingam es retirado un poco de la Yoni y la penetra profundamente con una sola embestida. Una serie de estos movimientos llena de pasión al Lingam, mientras más rápido es el ritmo mayor es el placer de la mujer.

La embestida del jabalí: El Lingam frota un lado de la Yoni cada vez que la penetra.

La embestida del toro: El Lingam frota ambos lados de la Yoni cada vez que la penetra.

El aleteo del gorrión: El Lingam está dentro de la Yoni y se mueve hacia arriba y hacia abajo en movimientos cortos y rápidos. Por lo general se lleva a cabo hacia el final de la unión sexual, cuando el hombre siente que está al borde del orgasmo.

Qué sucede cuando la mujer toma la iniciativa

Bajo ciertas circunstancias, en especial cuando el hombre está cansado por tratar durante mucho tiempo de llegar al orgasmo (hay hombres cuyo Lingam permanece erecto por tiempo indefinido si no eyaculan), la mujer puede tomar la iniciativa. Algunas veces, cuando lo hace, está atraída por la variedad y novedad de la situación.

Existen dos posibilidades: cuando durante el coito, la mujer sube por el cuerpo del hombre sin interrumpir el ritmo sexual; cuando la mujer asume el papel de hombre desde el principio del acto.

En el segundo caso se acerca al hombre, lleva el cabello suelto y decorado con flores, con una sonrisa cálida y presiona sus senos hacia el pecho de él, besa suavemente su cuerpo —como él hace cuando quiere excitarla— diciendo: "Conquistaste mi cuerpo y mi corazón, ¡ahora yo voy a conquistarte hasta que implores piedad!".

Y a partir de ese momento, con una mezcla de timidez y pasión, duda y seguridad, conduce la unión sexual a una conclusión placentera.

Además de las nueve cosas que el hombre debe hacer durante el acto sexual, existen otras que la mujer puede realizar:

Las tenazas: Mantiene el Lingam dentro de su Yoni atrayéndolo hacia adentro con movimientos de succión y lo presiona con firmeza, permanece así el mayor tiempo posible.

La peonza: Durante el coito, la mujer eleva las piernas y gira con el Lingam dentro de ella, como una rueda girando sobre su propio eje.

El balancín: La mujer gira la parte inferior de su cuerpo mientras el Lingam está en la abertura de su Yoni. Esta acción evoca la rotación del hombre mientras sostiene el Lingam en su mano.

Cuando la mujer está cansada coloca la cabeza sobre el hombro de su amante y permanece en dicha posición sin separar su Yoni del Lingam. Una vez que ha descansado, el hombre la pone sobre la espalda y concluye el acto de amor.

La joven que conquista al hombre

Una joven que a pesar de haber sido bendecida con gran belleza, cualidades delicadas y una buena educación es miembro de una familia de clase baja y, por lo tanto, no tiene pretendientes adecuados, o una joven huérfana que no cuenta con parientes que la ayuden, debe encontrar por sí misma un marido adecuado.

Debe tratar de capturar el corazón de un apuesto joven versado en cuestiones sexuales o un hombre cuya naturaleza le permita contraer matrimonio incluso sin el consentimiento de sus padres.

Debe usar todas las estrategias posibles para atraparlo, verlo y hablar con él a menudo. Su madre y otras parientes deben ayudar organizando encuentros frecuentes, en otros hogares, entre ella y el hombre en cuestión. La joven debe tratar de estar sola con él, en lugares seguros donde no sean molestados y de vez en cuando regalarle flores, perfumes o nueces y hojas de betel.

Debe mostrarle su experiencia en masajes —mientras le acaricia con las uñas. Debe tocar temas de interés para él y dirigir la conversación a las diferentes maneras en que un joven puede ganarse el corazón de una joven.

Aunque la joven ame al hombre, no debe ser ella quien tome la iniciativa —tiene que alentarlo a acercarse a ella y recibir las señales de su amor como si ella no notara la pasión que él siente.

Cuando trate de besarla, primero debe negarse. Cuando quiera involucrarse en la unión sexual, debe negarse. Cuando intente tocar sus partes íntimas, debe dificultar que logre su objetivo permitiéndole sólo un suave contacto superficial.

Sólo cuando la joven esté segura del amor del hombre y le ha prometido matrimonio como se acostumbra, se rendirá a él.

Después de perder así la virginidad, podrá contárselo a sus amigas.

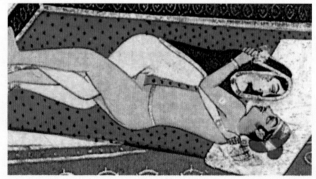

Sobre los besos puede decirse:
Lo que te gusta,
hazlo a tu amante,
Lo que has obtenido de él, él lo
obtendrá de ti.
Un beso por un beso,
Un abrazo por un abrazo,
Una caricia por una caricia.

Acerca de los besos que preceden y acompañan al acto de amor

Durante los primeros encuentros se aconseja a los amantes que no se involucren en besar demasiado, acariciar u otras acciones que anteceden la unión sexual, no obstante, dichas acciones pueden llevarse a cabo para disfrutar y con medida.

Una mujer puede ser besada en la frente, ojos, mejillas, cuello, pecho, senos, labios y en el interior de su boca.

Se recomienda besarla en el lugar donde se unen sus muslos, a lo largo de los brazos y en el ombligo.

Las jóvenes pueden recibir tres clases de besos: el nominal, el palpitante y el tocante.

El beso nominal es el más simple, es cuando los labios de los amantes sólo se tocan.

El beso palpitante se da cuando la joven coloca sus labios alrededor de el labio inferior de su amante y lo jala hacia su boca con un movimiento de succión.

El beso tocante sucede cuando la joven acaricia el labio de su amante con la lengua, cierra los ojos y coloca las manos sobre los ojos de él.

No obstante, hay quienes hablan de cuatro clases de besos:

El beso directo: Los labios del hombre son presionados directamente contra los de su amada.

El beso inclinado: Los amantes inclinan la cabeza hacia la del otro y ofrecen sus labios.

El beso girado: Uno de los amantes voltea el rostro del otro sosteniéndolo del cabello y la barbilla para besarlo.

El beso oprimido: Sucede cuando uno de los amantes coloca sus labios alrededor del labio inferior de su amante y presiona con fuerza. El labio inferior puede ser tomado con dos dedos, tocado con la lengua y presionado con fuerza contra el labio superior, lo cual aumenta el deseo —se le conoce como *el beso fuertemente oprimido.*

Los amantes se sientan uno frente al otro esperando ver cuál de los dos se las arreglará para sujetar el labio del otro en un beso oprimido. Si la mujer pierde debe protestar audiblemente, agitar los brazos en el aire y exigir otro intento. Si pierde de nuevo debe enfatizar su decepción; aprovecharse de un momento en que el hombre esté distraído o esperar a que se duerma y atrapar su labio inferior entre los dientes y sujetarlo con fuerza sin permitir que se escape. Entonces se echa a reír, grita y hace bromas a su amante. Baila frente a él, le dice cosas sin sentido, parpadea rápidamente y le guiña el ojo.

Los amantes más experimentados perfeccionan y aumentan el juego del beso

Cuando el hombre besa el labio superior de la mujer y ella besa su labio inferior es *el beso del labio superior*.

Cuando uno de los amantes toma ambos labios del otro entre los suyos se llama *el beso apretado*.

Durante el beso, cuando ambas lenguas tocan los dientes del otro y se introducen a la boca del amante se llama *el combate de la lengua*.

Los besos pueden ser moderados, contraídos, apretados o suaves dependiendo de la parte del cuerpo a la que se dirigen.

Hay personas que aumentan el rango de los besos al incluir la succión de los pezones —lo cual es convencional en la estimulación previa de los amantes.

Cuando la mujer besa el rostro de su amante mientras está dormido se llama *el beso que aviva el amor*.

Cuando la mujer besa a su amante mientras está distraído u ocupado en otra cosa recibe el nombre de *el beso que distrae*.

Cuando un hombre regresa tarde a casa, encuentra a su amada dormida en la cama y la besa para indicarle su deseo por tener relaciones sexuales se llama *el beso que despierta*. Las mujeres experimentadas en las formas del amor fingen estar dormidas cuando su esposo llega a casa para que las besen de esta manera.

Cuando alguien besa el reflejo de su amada (en el espejo o en un estanque de agua) se llama *el beso que muestra la intención*.

Cuando alguien besa al niño que tiene sentado en las piernas, a una fotografía o a una estatua mientras su amado le observa se llama *el beso transferido*.

De noche, en un teatro o reunión cuando el hombre se acerca a la mujer y besa sus dedos si ella está de pie, o los dedos de sus pies si está sentada; o mientras da masaje al cuerpo de su amado coloca la cabeza en los muslos de él para encender su pasión y lo besa en los muslos y el dedo gordo del pie se llama *el beso demostrativo*.

Sobre los abrazos

Los abrazos que los amantes usan para demostrar su mutuo amor se dividen en cuatro clases: tocante, penetrante, de fricción y de presión.

Tocante: Sucede cuando un hombre "por accidente" toca el dorso o el frente de la mujer creando un ligero contacto entre el cuerpo de ambos.

Penetrante: Se da cuando la mujer se inclina hacia el hombre que está sentado o se inclina para levantar algo y al hacerlo, presiona sus senos contra el cuerpo de él. Él puede sostenerla del cuerpo e incluso apretar sus senos.

De fricción: Ocurre cuando una pareja camina en la oscuridad o en un lugar solitario y el cuerpo del hombre fricciona al de la mujer.

De presión: Sucede en circunstancias similares cuando uno de los amantes presiona al otro contra un muro o pilar, presiona su cuerpo contra el otro y lo fricciona.

Cuando los amantes se encuentran pueden incluir diferentes partes del cuerpo en el abrazo. Cara a cara, pecho a pecho, Jagdana a Jagdana (órganos sexuales), muslo a muslo y cuerpo a cuerpo, cuando la mujer, como símbolo de su amor, deja que el cabello le caiga libremente sobre la espalda y hombros.

El *Kama Sutra* menciona cuatro clases de abrazos: el vínculo trepador y el ascenso del árbol, en el que el hombre está de pie, la mezcla de semilla de sésamo y arroz y la dilución de leche y agua –abrazos que son parte de la unión sexual.

En *el vínculo trepador*, la mujer rodea al hombre como si trepara un árbol. Coloca la boca contra la de él para besarlo mientras susurra "¡Sut, sut!". Le sonríe y lo mira con ojos de amor total.

En *el ascenso del árbol*, la mujer —mientras canturrea suavemente— coloca un pie sobre el pie de su amante y enreda la otra pierna alrededor de su muslo, pasa un brazo detrás de la espalda y el otro sobre sus hombros con el deseo de trepar hasta alcanzar la boca de su amante y besarlo.

En el abrazo de *la mezcla de la semilla de sésamo*, los amantes están acostados y abrazados de manera que sus brazos y piernas estén enredados como las raíces de un árbol y sus cuerpos se frotan mutuamente.

En el abrazo de *la dilución de leche y agua*, ambos se agarran con gran pasión, anhelando la unión y no temen al dolor ni a lastimarse. Su deseo es tan intenso que sólo quieren entrar en el cuerpo del otro y volverse un cuerpo y una carne. La mujer puede estar sentada sobre las rodillas del hombre, acostada a su lado o dándole la espalda en la cama.

Como dicen los poetas:

*E*s bueno que los amantes aprendan y conozcan el arte de abrazar porque dicho arte tiene el poder de encender la pasión. Durante el acto de amor, el amante está absorto en todo abrazo y toda acción que aumenta su deseo, aunque no sea uno de los abrazos mencionados en el *Kama Shastra*.

Los abrazos del *Shastra* son buenos para una pareja cuando existe hostilidad entre ellos, pero cuando la rueda de su amor vuelve a su eje, las acciones de la pareja son guiadas por la pasión.

Sobre las mordidas

Las mordidas son permitidas en todos los lugares donde se puede besar a excepción del labio inferior, el interior de la boca y los ojos. Los dientes adecuados para morder deben ser derechos, en proporción a la boca, brillosos y afilados. Los dientes toscos o imperfectos disminuyen el placer de la mordida. Existen tres tipos diferentes de mordida:

La mordida oculta: Se hace suavemente y sólo deja una marca de color rojo que desaparece al siguiente día.

La mordida turgente: Implica sujetar la piel entre los dientes y jalarla con fuerza.

El punto: Se sujeta una pequeña porción de piel entre los dientes y morderla hasta provocar dolor.

La mordida del coral y la joya: Se hace al morder simultáneamente con los dientes y los labios.

La línea de joyas: Se hace al morder con todos los dientes y dejarlos marcados en la carne.

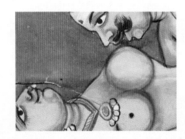

La nube rota: Esta mordida deja marcas disparejas en la carne (por lo general, los senos) debido a que los dientes están separados o disparejos.

La mordida del jabalí: Es una mordida intensa (o una serie de ellas) en los hombros y senos, la cual deja marcadas dos hileras de dientes con una marca rojiza entre ellas y tarda en desaparecer. Es señal de pasión intensa.

Las primeras tres mordidas se hacen alrededor de los labios, en el cuello, en el hueco del cuello y en la ingle.

La mordida del coral y la joya se hace en la frente o los muslos.

Las mordidas que dejan marcas por mucho tiempo se hacen en la mejilla izquierda, donde las marcas de dientes y uñas son un hermoso adorno para toda mujer.

Las marcas de dientes y uñas en un objeto perteneciente al amado —una pieza de joyería, ramos de flores u hojas de betel— son un símbolo de su pasión por el hombre amado.

"Cuando un hombre muerde con fuerza a una mujer, en señal de enojo debe morderle con el doble de fuerza...".

Si la mujer está excitada debe tomar al hombre del cabello, llevarlo hacia ella y morderlo en todo el cuerpo con los ojos cerrados mientras se inclina hacia el cuerpo de él.

En público, a la luz del día, cuando el hombre sonríe a su amada y le muestra las marcas de dientes que dejó en su piel, ella debe sonreír tímidamente y enseñarle las que él imprimió en ella.

Cuando una pareja actúa así, las llamas de su pasión no se extinguirán durante muchos años.

Sobre el uso de las uñas, rasguños y marcas

Hablando en general, las marcas de las uñas deben imprimirse debajo de la axila, en el cuello, en los senos, alrededor de los labios, en el Jagdana y en los muslos. Dichas marcas, al igual que las mordidas, son testimonio de la llama del amor entre los amantes. Deben ser impresas durante su primer encuentro, antes de emprender un viaje, en la reunión después de un viaje, después de la reconciliación o cuando la mujer, por alguna razón, está extraordinariamente excitada.

Pueden imprimirse ocho marcas sobre la piel: sonora, en media luna, en círculo, en línea, en garra de tigre, en paso de pavo real, en salto de liebre y en hoja de loto azul.

La sonora se hace por medio de una leve presión de la uña sobre la barbilla, los senos, el labio superior o el Jagdana y no deja marca. El vello del cuerpo se eriza y puede escucharse el sonido de la fricción de la uña sobre el vello. Un amante puede hacer la marca sonora a su amante mientras da masaje a su cuerpo y quiere que le preste atención.

La media luna es una sola marca en el cuello o en los senos de la mujer.

El círculo consiste en dos medias lunas impresas opuestamente y se dejan en el ombligo, en los delicados pliegues bajo las nalgas de la mujer y alrededor de la ingle.

La línea es un rasguño corto que se hace en cualquier parte del cuerpo.

La garra de tigre es un arco impreso en los senos y el pecho.

El paso de pavo real es impresa por cinco dedos sobre los senos y el pecho. Requiere de mucha habilidad.

El salto de liebre es una marca hecha con cinco dedos alrededor de los pezones.

La hoja de loto azul consiste en rasguños cuya forma se parece a los pétalos del loto y se imprime en los senos o muslos.

De hecho existen muchas otras marcas de un sinfín de formas.

"Todos saben del arte de rasguñar y de imprimir marcas de amor. La variedad es una necesidad y un combustible para las llamas del amor...".

Las cortesanas, quienes están familiarizadas con todas las formas de rasguños y marcas de uñas, son las más costosas.

No debe dejarse marcas sobre el cuerpo de las mujeres casadas, excepto en lugares muy privados y como recordatorio de un acto de amor y para avivar las llamas de la pasión. Aunque las marcas de las uñas y los rasguños sean viejos, mirarlos recuerda a la mujer de los momentos de pasión que posiblemente se olviden con el paso del tiempo.

Una joven cuyas marcas en los senos y en el pecho sean notorias atrae incluso a un desconocido como abejas a la miel.

Las mujeres aman a un hombre que tenga rasguños y mordidas en el cuerpo, aunque no estén interesadas en el amor físico.

Sobre los golpes y sonidos que acompañan al acto sexual

Los golpes son parte del juego del amor. La unión sexual puede compararse a una discusión debido a sus cientos de variedades y la facilidad con la que los amantes caen en una pelea.

Las partes del cuerpo que pueden ser golpeadas con pasión son: los hombros, la cabeza, el espacio entre los senos, la espalda, el Jagdana, las pantorrillas y los costados del cuerpo.

Dichos golpes se dan con el dorso de la mano, con los dedos juntos y derechos, con la palma abierta o con el puño.

Cuando el cuerpo de una mujer recibe golpes, ella emite ocho clases de sonidos: para, phat, sut, plat, el sonido del trueno, el sonido del arrullo, el sonido del llanto y hin. Algunas veces hace el sonido "phut" como cuando algo cae al agua y dice palabras como "¡Mamá, mamá!". Otras veces pronuncia palabras como para protegerse, como para apartarse del hombre, como si sintiera dolor o como si estuviera de acuerdo en recibir golpes.

Muchas mujeres imitan el sonido de insectos o aves: abejas, palomas, cuclillos, pericos, gansos o pavo reales.

Una mujer sentada sobre las piernas del hombre puede recibir un golpe fuerte. Debe responder con furia falsa y emitir sonidos de protesta y dolor.

Una práctica aceptada durante la unión es golpear con el dorso de la mano el espacio entre los senos, al mismo ritmo de los amantes hasta que se alcanza el orgasmo. En ese momento, la mujer debe expresar el sonido "hin" o cualquier otro que prefieran los amantes.

Cuando el hombre golpea la cabeza de la mujer con los dedos como si fueran un látigo, él emite el sonido "phat" y ella debe responder con "phat" y "phut".

Cuando los amantes terminan de besarse y los juegos sexuales, ella canturrea y trina como un pájaro.

Cuando la pasión es aumentada y la mujer no está acostumbrada a recibir golpes debe gritar sin cesar "¡Detente, detente!", "¡Ya fue suficiente!", "¡Mamá, mamá!", "¡Papá, papá!" —junto con los sonidos del suspiro, el llanto y el trueno.

Al final de la unión sexual, el hombre debe presionar con fuerza las manos sobre los senos, el Jagdana o los costados del cuerpo de su pareja y ella debe responder con un silbido, como el sonido de un pájaro.

Auparishtaka o sexo oral

Existen dos tipos de prostitución masculina: los que se visten como hombre y los que aparentan ser mujeres. Todo lo que se hace en la Yoni es llevado a cabo en la boca del prostituto.

Auparishtaka es la manera en que los prostitutos se ganan la vida. Sus clientes son hombres y los experimentados son versados en las ocho clases de Auparishtaka.

Además de los prostitutos, hay sirvientes que hacen Auparishtaka a sus amos y también hay hombres que lo hacen en secreto.

Las mujeres del harén que tienen tendencias peculiares están habituadas a realizar el Auparishtaka a través del contacto oral con la Yoni.

Existen hombres que acostumbran besar la Yoni como si fuera la boca. En estos casos, el hombre sujeta las piernas de la mujer y la cabeza de ésta en los muslos de él, y dedica su lengua y su boca a la Yoni que tiene ante él.

Apadravya o medios externos para aumentar el deseo

Para excitar a una mujer, el hombre puede usar Apadravyas, es decir, objetos que se colocan alrededor del Lingam para aumentar su tamaño o grosor y así se ajuste al tamaño de la Yoni.

Dichos objetos son hechos de oro, plata, cobre, hierro, madera de diferentes tipos y piel. Deben estar bien pulidos y adaptarse en todo sentido a su propósito. El Apadravya debe coincidir con el Lingam erecto.

Los diferentes tipos son:

La Valaya: Es del largo del Lingam y se coloca sobre él. La superficie es irregular y cubierta de salientes redondas.

Existe la Valaya doble —una sobre la otra— y las Chudakas, que son anillos colocados consecutivamente en el Lingam para formar una Valaya del largo de él.

El brazalete es un alambre de metal que se enreda ajustado alrededor del Lingam hasta la punta.

El Jalaka es un tubo de metal abierto de ambos extremos y de superficie rugosa. Debe ser exactamente del tamaño de la Yoni y se sujeta a la cintura del hombre por medio de un cinturón. Siempre debe lubricarse con aceite antes de ser usado.

Hay gente que se perfora la piel del Lingam, igual que el lóbulo de la oreja, e inserta objetos que aumentan la pasión de la mujer —es parecido a un arete.

Algunas personas frotan sustancias regularmente en el Lingam para aumentar su tamaño y vigor; durante un mes lo hacen con telarañas de algún insecto, después, durante dos meses se frotan con aceite y así sucesivamente. Cuando el Lingam se hincha y adquiere proporciones enormes, el hombre se acuesta boca abajo sobre una hamaca agujerada y coloca el Lingam de manera que cuelgue para que todos lo vean. Para contrarrestar el dolor provocado por la hinchazón del Lingam debe aplicar ungüentos analgésicos y calmantes.

El lugar de encuentro de los amantes

l lugar de encuentro debe ser elegido con cuidado —a las orillas de un lago, en una plaza de la cuidad o en otro sitio donde la gente se reúne para conocerse.

El sitio donde se llevará a cabo el encuentro debe ser preparado de acuerdo a la ocasión: el cuarto en el que harán el amor debe estar en la parte posterior de la casa, la entrada al frente y todo debe estar decorado y amueblado con buen gusto.

El hombre debe bañarse todos los días y untarse aceite en el cuerpo; aplicarle leche cada tres días; rasurarse el vello facial cada cuatro días; y rasurarse el vello corporal cada cinco o diez días.

Ambos deben hacer tres comidas al día —por la mañana, al mediodía y en la noche; bañarse y descansar por la tarde, vestir ropas blancas, inhalar la fragancia de las flores; divertirse con parientes por las mañanas y disfrutar con los amigos durante las tardes.

Después del desayuno es bueno enseñar al perico a hablar u observar de cerca a las aves de corral o a las palomas.

Por la tarde se recomienda cantar; el amo de la casa, sentado cómodamente y divirtiéndose con amistades, espera la llegada de su amada. Cuando llega, la recibe con amor y respeto, ella saluda con cordialidad a quienes están en la habitación.

Cuando la mujer pasa la noche en casa de su amado debe haber tomado un baño refrescante, perfumarse y vestirse de acuerdo a la ocasión. Su amante le ofrece refrigerios ligeros, la invita a sentarse a su izquierda, acaricia su cabello, alisa su vestido y con delicadeza le rodea la cintura con el brazo; comienza una plática trivial acompañada de bromas, historias e insinuaciones con un toque erótico. Después todos cantan, tocan instrumentos musicales y beben.

Cuando la mujer descubre que, como resultado de lo anterior, está excitada, el amo de la casa despide a sus invitados con flores, canastas de fruta y hojas de betel.

Ahora, ambos amantes están a solas. Después de que han satisfecho su deseo, se levantan lentamente sin mirar al otro y se dirigen a los baños.

Se sientan juntos y mastican hojas de betel. Entonces, el hombre frota el cuerpo de su amada con corteza de árbol de sándalo, la abraza con el brazo izquierdo, le susurra cosas dulces al oído y permite que dé un sorbo a la copa que él sostiene. Juntos comen pasteles y cosas dulces, beben leche de coco, jugo de mango o de limón. Por último y sin que nadie los moleste vuelven a la fruta más dulce de todas y saborean su delicia.

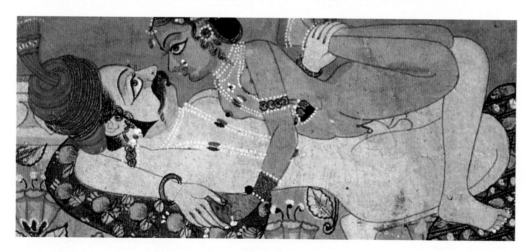

A menudo, los amantes salen al balcón donde miran la luna mientras hacen el amor. Cuando la mujer está de rodillas, viendo a la luna, su amante señala las estrellas y menciona el nombre de las constelaciones.

La luna de miel

En la décima noche después de que hayan terminado las ceremonias de la boda —no antes— el esposo puede estar a solas con su esposa. Le habla suavemente, la atrae a su cuerpo y la abraza contra su pecho durante periodos cortos de manera que ella lo encuentre agradable. Sólo después de que la abraza de dicha forma puede comenzar a tocar su cuerpo, primero de la cintura hacia arriba ya que es más simple y delicado.

Si la esposa es tímida, inexperta y el esposo todavía no la conoce muy bien, él debe comenzar a acariciarla en la oscuridad de la noche. Cuando él toma una bambola (nueces u hojas de betel despedazadas dentro de una pelota), la convence de ponerse la bambola dentro de la boca, incluso se lo pide de rodillas si es necesario. Una mujer, sin importar cuán irritada o molesta esté, nunca niega algo a un hombre que se lo pide de rodillas.

Cuando le da la bambola tiene que besarla tiernamente en los labios, después le habla, le hace preguntas y espera a que le responda. Si el silencio es muy largo, él repite las preguntas ya que aunque no digan nada, las jóvenes escuchan con atención a las palabras que dice el hombre.

Al repetir la pregunta una y otra vez, él descubre si ella lo ama y lo desea; y mientras guarda silencio, la joven baja la mirada. Entonces, una de sus amigas, cuya presencia sirve ese propósito, responde positivamente a las preguntas del esposo mientras la joven lo mira con timidez como si confirmara las respuestas.

Si la joven conoce bien al hombre coloca un collar de flores alrededor del cuello de éste y él aprovecha la oportunidad para acariciarle los senos con las puntas de los dedos. Si ella intenta detenerlo, él promete que no volverá a hacerlo mientras ella siga abrazándolo.

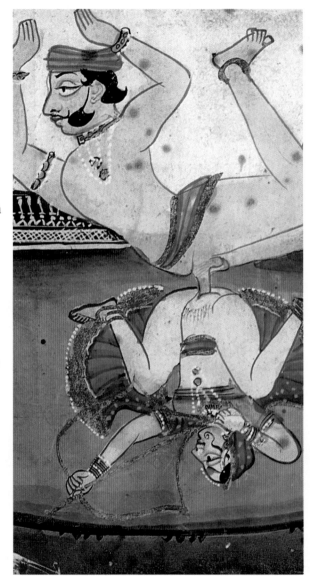

Cuando ella lo abraza por el cuello, ocasionalmente él le golpea la nuca, la espalda y presiona la mano contra las piernas y ombligo de ella en señal de su deseo de hacer el amor. Si la joven se resiste, él amenaza —bromeando— con dejarle rasguños y marcas de dientes en sus senos y brazos, marcas similares en su propia piel y con decir a todos que ella le hizo esas marcas en el cuerpo.

Durante las noches siguientes, cuando la joven comienza a rendirse a su esposo, él debe acariciarle todo el cuerpo y pulirlo con besos, colocar las manos sobre sus muslos y darles un suave masaje ascendiendo hacia la ingle. Si ella intenta detenerlo, él debe preguntar: "¿Hay algo mal?" y persuadirla de que le permita hacer lo que él quiere.

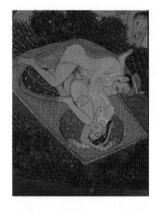

Cuando llega a los genitales, le golpea la entrepierna y la Yoni, le afloja el cinturón exterior y el de su ropa interior, da masaje a sus muslos desnudos aprovechando cualquier oportunidad para tocarla, pero sin insistir en la unión sexual. Sólo entonces él le dice acerca de las sesenta y cuatro artes del Kama Sutra, le da a conocer su amor por ella y le hace saber lo que espera de ella.

Tiene que prometerle que será fiel y declarar varias veces que jamás tomará a otra mujer en su lugar.

Finalmente, cuando ha vencido su timidez, él iniciará la unión sexual sin temer que ella se resista.

Al actuar de esta manera, el hombre se gana el amor y la confianza de la joven.

El amor no se obtiene a la fuerza, en contra de la voluntad de la joven. Una muchacha cuyo cuerpo fue forzado a copular en contra de su voluntad desprecia al hombre cuyo comportamiento mostró que no respeta los sentimientos de ella.

Relaciones con mujeres casadas

Un hombre puede seducir a la esposa de otro hombre sólo si está preparado para arriesgar la vida por su amor. Existen diez grados de amor entre un hombre y una mujer casada de acuerdo con las señales externas manifestadas por él. Se expresan en: miradas, distracción, sueños estando despierto, insomnio, pérdida de peso, evasión de diversiones, comportamiento excéntrico, locura, desmayos y la muerte.

Una joven que está rendida ante la pasión, lo demuestra en su conducta, conversación y movimientos corporales.

La apariencia física del hombre siempre atrae a la mujer y la belleza de la mujer siempre atrae al hombre. No obstante, en la mayoría de los casos existen otras circunstancias que evitan que la atracción se convierta en amor total.

Una mujer enamorada hace notar su amor, sin pensar si es bueno o malo. Cuando el hombre la corteja, primero lo rechaza pero después se rinde a sus persistentes cortejos.

Por otro lado, el hombre no da a conocer su amor y controla sus emociones por medio de la fuerza y la lógica. Aunque sea incapaz de pensar en otra cosa que no sea una mujer en particular, el hombre rechaza los avances que ella haga.

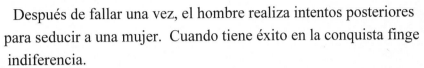

Después de fallar una vez, el hombre realiza intentos posteriores para seducir a una mujer. Cuando tiene éxito en la conquista finge indiferencia.

Una mujer rechaza el cortejo de un hombre por las siguientes razones: fidelidad hacia su marido; miedo de dar a luz a un bastardo; falta de una oportunidad adecuada para actuar favorablemente; hostilidad hacia el pretendiente; diferencia de clases; temor a que ame a otra mujer; incertidumbre en cuanto a la residencia del pretendiente; miedo de que sea demasiado apegado a sus amigos; timidez ocasionada por un hombre de muy buena posición, inteligente y guapo; miedo a perder su buena reputación; miedo a la fuerza de su deseo en caso de una mujer Venado; mala reputación del pretendiente; defectos y deficiencias del mismo. Una mujer Elefante teme que sea un hombre Liebre; o que su esposo hubiera enviado al pretendiente para probar su fidelidad; miedo a mostrar sus genitales y su flácida carne; temor a ser descubierta y convertirse en objeto de burla.

Hombres amados por mujeres

Los hombres amados por mujeres tienen las siguientes características: son versados en las artes del amor; saben cómo pasar agradablemente el tiempo con historias y aventuras; quienes han vivido con mujeres desde la infancia; los que saben ganarse la confianza de las mujeres; que dan regalos; que son claros; que saben cumplir los deseos de la mujer; los que aún no han tenido una mujer; masajistas; quienes reconocen las debilidades propias; los que son deseados por mujeres de estratos sociales altos; hombres bien parecidos; aquellos que la mujer conoce desde la infancia; vecinos; los que son capaces de entregarse con devoción a la unión sexual aunque sean esclavos; los amantes de familiares; quienes recién enviudaron; los que gustan del entretenimiento y socializan; hombres generosos; aquellos que están conscientes de su fuerza y poder —los hombres Toro, que son valientes y llenos de iniciativa; quienes superan al esposo en conocimiento, apariencia, cualidades y generosidad; quienes visten bien y viven con lujo.

Un hombre amado por una mujer no se atreve a seducir a una joven que le tema, ni a una que no tenga confianza en él, ni a una cuya virtud esté siendo cuidada, ni a una madrastra.

Cuando una mujer se opone con fuerza a los avances del hombre, éste debe desistir de inmediato —pero si mientras ella se resiste, insiste en favorecerlo y darle leves señales de ánimo, él debe continuar hasta que conquiste su amor.

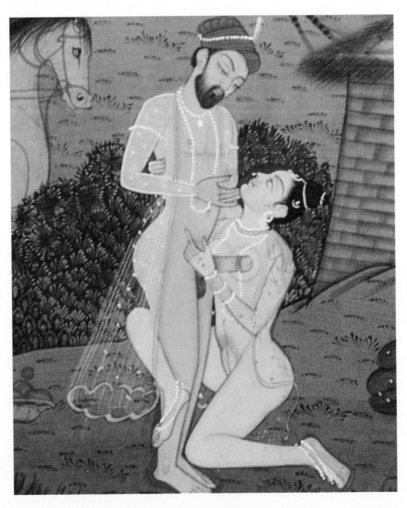

Obligaciones de la esposa mayor hacia las esposas más jóvenes de su esposo

 unque la esposa aún viva, el hombre puede tomar otras esposas por las siguientes razones: locura, sensación de aversión por ella misma, esterilidad, negación de conceder a él sus derechos conyugales.

Si la mujer es estéril tiene el deber de persuadir a su esposo a que tome a otra esposa y asegurarse de que el nivel social de la nueva esposa sea más alto que el suyo; debe comportarse como una hermana con ella, ayudarla a cuidar a los niños como si fueran propios.
Su conducta debe ser la misma con los sirvientes y parientes de la nueva esposa.

Si hay varias esposas, la más grande debe pactar con la que le sigue en edad y rango, ambas deben crear desavenencias entre las más jóvenes y unirlas en contra de la favorita del esposo. La esposa más grande siempre debe ser favorecida y que las más jóvenes no la consideren perversa, problemática y despreciable.

En todo momento, la esposa más grande debe intentar separar al esposo de su esposa favorita, de lo contrario ésta última pronto la reemplazará en lugar y nivel.

Cómo deshacerse de un amante no deseado

Al burlarse y criticar su liderazgo, reírse de sus fallas en su presencia y darle un pisotón.

Al discutir sobre temas que él ignora, mellar su autoconfianza y buscar la compañía de hombres superiores a él en conocimiento y educación.

Al oponerse a él en todo y criticar a los hombres cuyos defectos sean similares a los de él.

Al ignorar sus intentos por iniciar el deseo sexual, voltear la cara cuando trata de besarla en la boca y voltear su cuerpo cuando trata de besarle el Jagbana, protestar por sus rasguños y mordidas y no responder a sus caricias, permanecer acostada sin movimiento durante la unión sexual.

Al exigir la unión sexual cuando él está cansado y agotado.

Al burlarse de su fidelidad.

Al no responder cuando él empiece a acariciarla y besarla.

Al retirarse a dormir o irse de la casa cada vez que él quiera hacer el amor durante el día.

Al imitar sus hábitos y su forma de hablar.

Al reírse de sus acciones sin razón evidente —y al no reír cuando le haga una broma o trate de ser divertido.

Al dar importancia a sus sirvientes.

Al interrumpirlo a la mitad de una oración y cambiar el tema.

Al no prestar atención mientras él habla.

Al discutir sus defectos con las sirvientas de ella –en presencia de él.

Al fingir no darse cuenta que se aproxima.

Al pedirle cosas que quedan fuera de su alcance.

Por último, al rechazarlo.

Hay un dicho adecuado no sólo para las cortesanas y prostitutas:

"La obligación profesional de la cortesana es involucrarse en una relación después de analizarla y descubrir si él puede darle lo que ella quiere; entonces debe dedicarse al hombre con quien vive, tomar lo que pueda de él y finalmente abandonarlo después de secarlo. Una cortesana que vive de esta manera, como una mujer casada, se vuelve rica sin cansarse de sus numerosos amantes".

Cortesanas, también conocidas como prostitutas

uando una cortesana ama al hombre a quien está dedicada, sus acciones son naturales. Cuando lo hace por el dinero está fingiendo y actuando por su propio beneficio material —pero debe actuar como si lo hiciera por amor ya que el hombre confía en la mujer que se comporta como si estuviera enamorada de él. Mientras le muestra su amor debe actuar como si no esperara nada a cambio.

La cortesana debe vestir bien y pararse a la entrada de su casa —sin exponerse demasiado— mirando hacia la calle. Debe ser cortés con cualquiera que pueda ayudarle a encontrar a un hombre y volverse rica o con quien la proteja de daños y perjuicios como guardias de la cuidad, policías, encargados y oficiales de la corte, adivinadores, gente con poder y prestamistas, maestros, comediantes, payasos, vendedores de flores, peluqueros y mendigos y cualquier persona que le ayude a avanzar en sus ambiciones como cortesana.

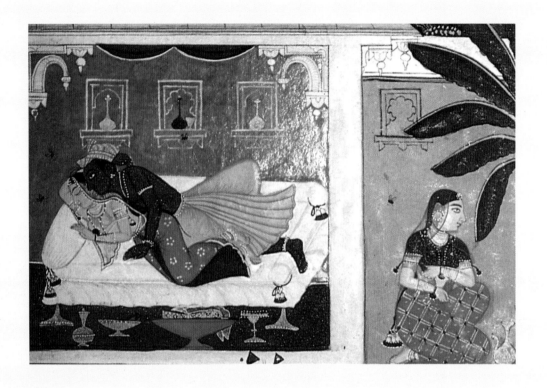

Los hombres con quienes debe armonizar porque obtendrá dinero de ellos son: jóvenes sin deudas, civiles con ingreso asegurado, herederos, prostitutos que deseen ocultar su profesión, filántropos, hombres de un alto nivel social, hombres exitosos de negocios, el hijo único de un padre rico, el doctor del rey y conocidos ocasionales.

La cortesana puede iniciar una relación con hombres de buenas cualidades —no por dinero sino por amor o por el deseo de elevar su nivel. Estos hombres son: poetas, narradores, nobles, letrados y hombres con buenas cualidades; poderosos, bien parecidos, hombres reconocidos por su amor a la unión sexual y su experiencia en ella pero que no están bajo el control total de la mujer.

Las cortesanas deben ser hermosas y agradables, capaces de disfrutar del acto sexual que se deriva del amor, siempre buscar medios para mejorar su forma de hacer el amor y aumentar su experiencia en cuanto al sexo. Siempre deben buscar variedades en el placer del sexo.

Aquella que no sea versada en las sesenta y cuatro artes del *Kama Sutra* no tendrá éxito en su profesión.

El dinero es el motor principal en la vida de las cortesanas y nunca sacrifican dinero por amor. Sólo de esta manera alcanzarán los placeres de la carne y escaparán de la pobreza y la vida miserable.

Las esposas del rey y el trato hacia ellas

Las esposas del rey llevan vidas de calma, riqueza y diversiones. Jamás realizan trabajos arduos que las agoten. Asisten a los teatros, festivales y presentaciones de música. Las tratan con respeto y les ofrecen comida y bebida.

No pueden salir solas del harén, al cual sólo pueden entrar mujeres previamente invitadas.

Cada mañana, la sirvienta personal lleva al rey regalos de flores, lilas y arreglos de parte de su ama. El rey ofrece los regalos y vestidos a sus esposas, de igual manera distribuye las ropas que vistió el día anterior.

Por la tarde y con atavíos especiales, el rey visita a sus esposas, las cuales visten sus mejores ropas en honor a su visita. Él les muestra señales de respeto y aprecio y las lleva a sus lugares, después comienza una plática agradable con ellas.

Despúes visita a las vírgenes del harén, a las cortesanas y las Biadras, cada una en su recámara.

Cuando el rey termina su descanso de la tarde, llega a él la encargada de anunciarle el nombre de la mujer con quién pasará la noche. La acompañan las sirvientas de la mujer en cuestión y las sirvientas de las mujeres enfermas o de quienes perdieron su turno por alguna razón.

Los miembros de la familia del rey se presentan ante él con regalos y perfumes enviados por las mujeres —a quienes les toca el turno y las que lo perdieron— y el rey hace una elección al escoger uno de los regalos en los que aparece el sello de la mujer.

Algunos reyes se fortalecen con pociones para dar placer a varias mujeres cada noche. Otros sólo dan placer a sus favoritas e ignoran a las demás. La mayoría de los reyes siguen un orden y dan un turno a cada mujer.

Casos en los que está permitido el amor

El amor entre un matrimonio de la misma clase y posición social es permitido y apreciado por todos.

Está prohibido el amor cuando un hombre ama a una mujer de una clase más alta o de casta similar.

No se permite ninguna clase de amor hacia mujeres de menor nivel, exiliadas, prostitutas o divorciadas. Con estas mujeres, toda expresión de deseo y trucos del sexo tienen como objetivo aumentar el deseo y no experimentar amor.

Las mujeres con quienes está permitida la unión sexual sin miedo a pecar se llaman Niaykas —mujeres jóvenes que no dependen de nadie, cortesanas y mujeres en segundas nupcias.

Hay quienes añaden a la lista anterior a viudas, hijas de cortesanas, sirvientas que estén por perder la virginidad y mujeres maduras de la misma casta que no se han casado.

Algunas personas justifican, bajo ciertas circunstancias, la unión sexual con mujeres casadas, por ejemplo:

"Esta mujer me desea y ha tenido relaciones sexuales con varios hombres. Aunque pertenezca a una clase social más alta que la mía, se comporta como cortesana, por lo tanto, puedo hacer el amor con ella sin cometer un pecado".

"Su esposo es mi enemigo y puede causarme daño. Si su esposa se enamora de mí, quizá ella haga que la hostilidad de su marido hacia mí se convierta en amistad".

"Si consigo el amor de esta mujer me ayudará a llevar a cabo esta misión que me será de gran ayuda".

"No poseo bienes ni fortuna y la unión sexual con ella podría enriquecerme".

"Esta mujer me conoce bien y conoce todos mis secretos, si no le hago el amor puede hacerme daño".

"Su esposo deshonró a mi esposa y en venganza deshonraré a la suya".

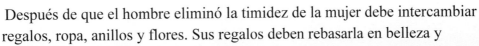

Después de que el hombre eliminó la timidez de la mujer debe intercambiar regalos, ropa, anillos y flores. Sus regalos deben rebasarla en belleza y valor. Él debe pedirle que lleve en el cabello las flores que le regaló o sostenerlas en la mano. Entonces debe abrazarla y besarla. Por último, después de que intercambian betel y flores, él debe acariciar y tocar su Yoni, cuando ella se excite puede completar la seducción.

Cuando busca conquistar a una mujer, el hombre no debe intentar seducir a otra al mismo tiempo. No obstante, después de lograr su objetivo con la primera y disfrutar de sus encantos durante mucho tiempo, puede darle un regalo costoso y dirigirse a su siguiente conquista.

La mayoría de los esfuerzos del hombre están dirigidos a entrar a la casa de la mujer y conversar con ella. Debe informarle con palabras de sus intenciones y después de que ella acepta tácitamente, él inicia con las estrategias para lograr el anhelo de su corazón.

Una mujer que no intenta ocultar su amor es como una fruta madura lista para ser disfrutada.

"La pasión que nace de manera natural, es nutrida con arte y conservada con devoción, necesita fuerza y seguridad. Un hombre inteligente y considerado entiende los pensamientos más profundos de la mujer y evita hacer algo que la lastime o le dificulte las cosas. Así es como logrará obtener y mantener su amor".

Un hombre que aprendió a conquistar a las mujeres de otros hombres a través de su pericia en los principios del *Kama Sutra* nunca sufrirá un engaño.

El arte de la seducción y la unión sexual están transmitidos en este texto para beneficio de todos —no sólo para que un hombre seduzca a la esposa de otro, sino para enseñarle cómo defender a su esposa de los otros hombres.

Después de que el hombre llega a conocer a la mujer, y si ella le muestra su amor por medio de señales externas e insinuaciones corporales, el hombre debe seguir hasta el final. Si ella es virgen, debe mostrarse cuidadoso y considerado.